DE
LA PROPRIÉTÉ,

PAR

M. FRANZ DE CHAMPAGNY.

PARIS.

LIBRAIRIE D'ADRIEN LE CLERE ET Cie,

RUE CASSETTE, Nº 29, PRÈS SAINT-SULPICE.

—

1848.

DE LA PROPRIÉTÉ,

Tout le monde connaît les lumineux travaux qui viennent d'éclaircir cette question. Le livre de M. Thiers est entre les mains de tout le monde; et l'Académie des Sciences morales et politiques a également publié deux traités, l'un de M. Passy, l'autre de M. Troplong, qui tous deux jettent un jour remarquable sur des points si étrangement débattus depuis quelques mois.

Mais nous l'avouons, en lisant ces livres, notre premier sentiment a été celui de l'humiliation. Académiciens, anciens ministres, jurisconsultes, savants, leurs auteurs ont donc été obligés de quitter leurs hautes études pour venir démontrer à la France du dix-neuvième siècle qu'il n'est pas absolument licite de s'emparer du bien d'autrui, et qu'il y a quelque chose de légitime dans la vieille notion du tien et du mien. La clarté même de leur démonstration fait notre honte. Dans les siècles d'ignorance, tout cela était à peine contesté par les voleurs; en notre siècle de lumières, cela est contesté par des philosophes; et si nous avons des corps savants, des académies, des hommes distingués, des esprits supérieurs, c'est uniquement pour en faire des gendarmes intellectuels, et pour nous préserver, Dieu aidant, de la philosophie du brigandage.

Il est fort heureux, sans aucun doute, que les théorèmes de la géométrie ne se lient en aucune chose aux passions humaines, et que nul n'ait intérêt à les contester. Il y aurait des socialistes pour les combattre. On serait traité de rétrograde, pour avoir soutenu que les trois angles du triangle sont égaux à deux angles droits; et le géomètre qui prétendrait démontrer la proposition du carré de l'hypoténuse, serait à coup sûr un infâme réactionnaire. En vérité, quand on voit à quelles trivialités évidentes, à quelles vérités niaises, à quels axiomes dignes de la raison d'un enfant de quatre ans, sont obligés de descendre un esprit supérieur comme M. Thiers, un savant académicien comme M. Passy, un jurisconsulte distingué comme M. Troplong, on commence à ne plus tant croire au progrès. M. Thiers surtout, il faut lui rendre cette justice, est d'une patience, d'une longanimité, d'un sang-froid à toute épreuve. Jamais maître d'école de village, enseignant l'alphabet à de petits paysans, ne s'est mieux tenu pour ne pas se moquer de leurs sottises, n'a opposé plus de patience à leurs niaiseries, n'a écouté plus tranquillement leurs absurdités jusqu'au bout, que ne l'a fait vis-à-vis du proudhonisme, du cabétisme et du fourriérisme, l'historien du *Consulat et de l'Empire.* Il a eu le mérite, et le mérite très-louable, de prendre au sérieux de tels adversaires, aussi long-temps et plus long-temps, ce semble, que les forces humaines ne pouvaient le supporter; il patiente avec eux; il leur laisse défiler leur interminable chapelet d'absurdités; il les reprend une à une avec une longanimité qui n'est guère le fait en général, ni des savants, ni des hommes d'Etat, ni des philosophes; il prend la peine de leur démontrer qu'ils n'ont pas le sens commun, sans se fâcher une seule fois, et tout au plus avec un demi-sourire qu'il n'est pas toujours maître de retenir; il leur fait une magnifique aumône de son temps et de son esprit, dont ils devraient certainement lui savoir gré. Les réfutations de quelques hommes distingués feront dans l'avenir toute la gloire des Owen, des Fourier et des Cabet.

Notre temps et notre esprit sont moins précieux, et pourtant le courage nous manque pour suivre en détail cette polémique, où l'absurdité se montre si opiniâtre, et la raison si patiente. Nous faisons d'ailleurs à nos lecteurs l'honneur de penser qu'ils ont, comme chrétiens, peu de doute sur l'inviolabilité du septième commandement; comme gens de bon sens, peu de goût pour les petits pâtés de Fourier et le *peuplier communautal* du citoyen Pierre Leroux; comme bons citoyens et véritables amis du peuple, peu d'illusions sur la banque de crédit, les bons hypothécaires, le droit au travail, et toutes les autres métaphores plus ou moins heureuses sous lesquelles on voudrait dissimuler la banqueroute, la confiscation et les assignats.

Il y a deux côtés, du reste, dans cette discussion : celui du droit et celui de l'utilité sociale. La propriété privée est-elle chose légitime? est-elle chose utile?

Sur la première question, la plus simple des deux sans aucun doute, nous recommandons surtout l'ouvrage de M. Troplong. Il est plus sûr, plus ferme, plus serré que M. Thiers. Le jurisconsulte et le philosophe était ici mieux à sa place que l'historien et l'homme politique, plus accoutumé, lui, à se contenter d'à peu près, moins astreint à une logique sévère, habitué à saisir le côté secondaire, relatif, indirect des questions, plus que le côté supérieur, absolu, direct, philosophique. Sur un point important, celui de l'hérédité, il faut même avouer que la logique de M. Thiers lui fait défaut. M. Troplong le relève et vient à son aide. Chez M. Troplong, la démonstration du principe est entière, complète, suivie et d'autant plus évidente. Chez M. Thiers, la question de l'utilité sociale se mêle sur chaque point à la question du droit; celle-ci est moins saillante, moins manifeste, moins absolue.

Mais aussi comme cette question de l'utilité sociale, que M. Troplong n'avait pas à traiter, devient lucide sous la plume de M. Thiers! Ici nous avons particulièrement à le remercier, nous qui avions peu de doute sur la légitimité de la propriété privée, et qui comprenions bien de prime-abord l'immense impossibilité qui pèse sur toutes les utopies des socialistes présents, passés et futurs. M. Thiers a cela de remarquable et qui tient particulièrement à la nature de son esprit, de vous faire mieux comprendre ce que vous saviez déjà, d'élucider en vous-mêmes votre propre pensée, et de vous donner les véritables raisons de croire, quand vous croyez plutôt par instinct, par raison. Ce que vous soupçonniez, il vous le fait voir; et ce que vous voyiez, il vous le fait toucher au doigt.

Ainsi—nous avions tous une répugnance instinctive contre l'intervention violente de la loi dans ce qui touche les conditions du travail de l'homme; nous sentions que les rapports d'ouvrier à maître, de producteur à consommateur, de vendeur à acheteur, doivent forcément être laissés au libre arbitre de l'homme; que pour peu que la loi s'ingère dans ces relations et prétende en régler la moindre, elle trouble tout. Nous savions tout cela de première vue et comme par le dehors; M. Thiers nous fait pénétrer au dedans. Il nous montre par le détail, avec une sagacité merveilleuse, quoiqu'elle se dissimule et qu'à force de réflexion elle réduise tout au plus simple, il nous montre comment ces choses si violemment attaquées aujourd'hui, la liberté de l'industrie, la concurrence, le travail à la tâche, le marchandage, etc., ne sont pas en définitive des institutions ni des lois; comment ce n'est autre chose que le développement naturel et logique des faits, développement qui, en tout temps et en tout lieu, affecte la même forme, suit le même chemin, ne se laisse arrêter que par la force et par une force qui, en l'arrêtant, brise tout. Au fond, l'erreur capitale des socialistes et peut-être de tous les faux politiques de notre temps, est de méconnaître la nature humaine, de n'en pas saisir la marche logique, de voir partout des institutions, et de vouloir par d'autres institutions revenir sur tout et changer tout. La concurrence, la lutte industrielle, la simplification successive des procédés, la diversité de salaires, tout cela n'a été inventé ni par Adam Smith, ni par J. B. Say, ni par Turgot. Tout au plus ont-ils, bien ou mal, observé tout cela. Ces choses-là n'ont été inventées par personne; elles se sont produites d'elles-mêmes, et l'ordonnance du gouvernement socialiste qui *réglementera* tout cela, pour parler comme ils parlent, ne sera ni plus ni moins sensée que l'ordonnance qui prescrirait aux arbres la manière dont ils doivent pousser, et à l'eau la manière dont elle doit prendre son niveau. Liberté du travail! liberté des contrats! deux infranchissables barrières contre lesquelles les despotes de tout genre, socialistes ou non, lutteront vainement. Vous ne prescrirez pas à un homme de se faire payer cinq francs, quand il lui convient davantage de n'en recevoir que quatre. Vous ne l'obligerez pas à finir sa journée à six heures, s'il lui plaît de la continuer jusqu'à sept. Il y a là l'insaisissable protée de la liberté humaine contre lequel vous luttez depuis cinq ou six mille ans. Vous avez été maîtres de lui, il est vrai, à une certaine époque ; vous avez eu une institution, la seule au monde, avec laquelle le travail n'était plus libre, avec laquelle il n'y avait plus de concurrence, avec laquelle l'égalité des salaires était parfaite ; car les salaires étaient uniformément fixés à zéro. Cette institution s'appelait l'esclavage.

Or cette institution est, quoi qu'on fasse, la fin dernière de tous les systèmes socialistes, pour peu qu'ils veuillent être réels et sérieux. Vous voulez empêcher légalement le travailleur de travailler trop et à trop bon marché. Il n'y a qu'un moyen pour cela ; c'est de le faire travailler vous-même et vous seul ; autrement il vous échappera toujours et retombera dans cette funeste liberté des contrats dont vous tenez tant à l'affranchir. Mais s'il travaille pour vous seul, si nul atelier n'est ouvert que le vôtre, s'il ne peut, sous peine de mourir de faim, refuser vos conditions ; sa vie dépend de vous ; il est à vous, il est votre esclave. Esclave de l'Etat, direz-vous ? Je ne l'en plains que davantage, comme je plains avec lui la société tout entière. L'Etat, de tous les maîtres est le plus fâcheux, comme de tous les entrepreneurs le plus mal habile, et de tous les marchands le plus cher.

Il y a quelque chose de pire encore dans le socialisme, et que M. Thiers lui reproche avec raison, non sans une extrême modération de langage et un extrême respect pour les intentions. Tout en les respectant comme lui, forcé d'être plus court, je me permettrai d'être plus vif. Le socialisme a une sympathie profonde pour le peuple, pour les souffrances du peuple, pour la cause du peuple. Cela est sincère, je n'en doute pas ; mais qui donc est le peuple ?

Il est bien entendu que les riches n'en sont pas. Les riches sont des aristocrates ; ce sont eux qui absorbent le bien-être universel, qui détournent la richesse de toutes les familles au profit de leurs familles. Sous une forme quelconque, impôt, droit de succession, confiscation, emprunt forcé, assignats, pillage, il faut qu'ils rendent au peuple ce qu'ils ont pris au peuple, et qu'ils se lavent du crime de richesse en cessant d'être riches.

Mais (et M. Thiers, et M. Passy, et M. Troplong, et notre expérience commune le démontre avec évidence), les riches, si loin qu'on étende ce terme élastique, ne sont qu'une infiniment petite minorité. La fortune réunie de tous les riches n'est qu'un point dans la fortune publique. Leur revenu, confisqué en entier, n'alimenterait pas le budget ordinaire de l'Etat pendant un mois : Que serait-ce d'un budget embelli et augmenté pour satisfaire à toutes les justes réclamations du peuple ? La fortune des riches, la prît-on tout entière, sera vite consommée. Il faudra prendre ailleurs.

Viennent donc ceux qui, sans être riches, possèdent quelque chose, parce qu'ils sont propriétaires d'une portion quelconque, le plus souvent minime, du sol. Ceux-là sont-ils du peuple ? — Ils en sont, ce semble, par la nationalité d'abord, comme nous tous, puis par la modestie de leur condition et de leur fortune ; ils en sont surtout par les souffrances. M. Thiers le remarque à juste titre : mille fois moins favorisé, quant au bien-être matériel, que le peuple des villes, le peuple des campagnes a une vie autrement âpre, une nourriture autrement grossière, un logement autrement exposé à toutes les intempéries. L'ouvrier des grandes villes mange du pain blanc et de la viande ; en combien de provinces le paysan ne mange-t-il pas de pain ?—Celui-là sans doute est du peuple ?—Non pas, s'il vous plaît. Il faut bien prendre l'argent quelque part, et où le prendrait-on, si ce n'est à ceux qui possèdent le sol, si petite que soit leur part ? Aussi, tous les systèmes socialistes sont-ils d'accord pour mettre le paysan de côté, il y a plus, pour l'écraser, à titre de propriétaire, on dira peut-être d'oisif. Le système de l'association élève, favorise, dote les réunions d'ouvriers urbains, aux dépens, bien entendu, de l'Etat, c'est-à-dire des contribuables, c'est-à-dire des paysans. Le système de la banque de crédit livre à l'ouvrier des villes une valeur en papier, seule admise en circulation, valeur que l'ouvrier des campagnes ne connaîtra pas et ne saura comment obtenir. Le système du droit au travail préserve l'ouvrier contre le chômage, et lui assure un travail inutile, coûteux, par conséquent, à l'Etat qui le commande ; et l'Etat, c'est encore ici les contribuables, en d'autres termes les paysans. Enfin toutes les innovations en fait d'impôt, sous le nom d'impôt progressif, d'impôt des successions, etc., tendent toujours à grever la propriété pour dégrever la consommation, à charger l'agriculture (métier d'oisif comme on sait) pour décharger le travail, par lequel on entend toujours le seul travail industriel. Ainsi, cela est bien entendu, le paysan n'est pas du peuple. Passons.

Il y a une autre classe dont M. Thiers ne parle pas, et dont il est bon cependant de dire quelques mots. Il y a des hommes qui, forcément, normalement, sans faute de leur part, ne peuvent pas travailler. Ce sont ceux que j'appellerai exclusivement les pauvres. Que fait pour eux le socialisme? Je vois des promesses magnifiques pour les travailleurs : l'association est uniquement pour eux ; la banque de crédit leur donne ses billets en échange des produits de leur travail; le droit au travail est pour eux encore et pour eux seuls. Mais les infirmes, mais les aveugles, mais les vieillards, qui prendra soin d'eux ? Aujourd'hui c'est la charité alimentée par les aumônes du riche ou du moins de l'homme aisé; c'est le bureau de bienfaisance, dispensateur des dons du riche. Mais quand il n'y aura plus de riches, qui fera la charité? qui alimentera le bureau de bienfaisance ? L'Etat, dites-vous, l'Etat qui aura déjà sur les bras la masse entière des travailleurs. Depuis huit mois que les riches ou s'effraient, ou s'en vont, ou s'appauvrissent, ou sont eux-mêmes ruinés et mendiants, demandez aux pauvres comment ils ont vécu ? Les pauvres sont-ils du peuple ? Il faut bien qu'on nous réponde : non !

Reste donc une classe, une seule classe d'hommes : les ouvriers des villes. Et encore; croyez-vous que l'ouvrier laborieux, honnête, robuste, adroit, intelligent, espère beaucoup dans le socialisme? Ne savez-vous pas sa perspicacité assez claire pour bien comprendre que ce qui viendrait en accroissement de salaire à l'ouvrier paresseux, malhonnête, faible, maladroit, borné, viendra pour lui en diminution de salaire? que l'industrie dirigée par l'Etat, qui remplira une obligation et ne fera pas un commerce, ne saurait lui être aussi favorable que l'industrie livrée aux mains, à la surveillance, à la jalouse et ingénieuse action de l'intérêt privé? que si pour l'ouvrier faible et incapable il vaut mieux être pensionnaire que salarié (et le socialisme fait-il autre chose que changer les salariés en pensionnaires?) il lui vaut mieux à lui être salarié que pensionnaire?

Reste donc, en définitive, pour constituer les privilégiés du socialisme, à l'exclusion des riches, à l'exclusion des paysans, à l'exclusion des indigents, à l'exclusion des meilleurs ouvriers, la dernière classe des ouvriers urbains. C'est là *le peuple* : et il faut bien entendre que quand on nous parle du peuple, des droits du peuple, des souffrances du peuple, de la sympathie pour le peuple, il ne s'agit pas de la nation française, mais uniquement de cette aristocratie que l'on évaluerait bien haut en l'évaluant à un million d'hommes. Le socialisme, du reste, fait bien de ne pas entreprendre de secourir un trop grand nombre d'hommes, car ses ressources sont autrement bornées qu'il ne pense. Mais c'est quelque chose de curieux de voir le parti qui semblait celui de la démocratie absolue, arriver ainsi à constituer une aristocratie d'un million d'hommes, à laquelle trente-six millions seraient sacrifiés.

Nous nous sommes arrêtés long-temps, et trop long-temps peut-être, sur les idées des socialistes. La discussion théorique en est-elle en effet bien nécessaire? N'est-il pas clair que tout cela n'est autre chose qu'une machine de guerre? Le dernier mot d'une utopie qui aboutit à pensionner aux dépens de toute une nation cent ou deux cents mille ouvriers armés (car ce chiffre serait plus exact que celui d'un million) concentrés dans quelques grandes villes, et surtout dans la capitale, n'est-il pas intelligible pour tout le monde? Cette sympathie pour la souffrance, lorsque la souffrance porte le fusil; cette compassion si profonde pour la misère, quand la misère est en état de faire des barricades pour ou contre vous; cette philanthropie qui s'attendrissait si fraternellement sur la douleur humaine, pourvu que la douleur humaine eût des bras, fût jeune, fût robuste, et eût tué un ou deux municipaux : et cela à l'exclusion du paysan qui habite loin des centres politiques, à l'exclusion du vieillard et de l'infirme qui ne peut pas remuer les pavés, à l'exclusion de l'ouvrier capable et laborieux qui ne gagne rien à les remuer : tout cela peut être sincère; car je sais de quelles illusions les âmes honnêtes sont capables; mais tout cela aboutit en fait à une seule chose, au lieu du soulagement, au combat; au lieu de l'ordre social, à la révolution. Les socialistes ont beau faire, et injurier leurs amis les politiques, comme ils les appellent, autrement dits les révolutionnaires : Sans nous mêler à ces querelles de famille, nous pouvons leur dire qu'ils sont révolutionnaires tous les uns comme les autres, les uns autant que les autres. Que leur utopie soit celle de Saint-Just, ou celle de Babeuf, ou celle de Saint-Simon, ou celle de Fourier ; peu nous importe. Qu'ils croient et aiment de bonne foi leur utopie, j'en suis persuadé ; mais cela est d'une parfaite indifférence. Volontairement ou non , leur utopie n'est et ne sera jamais qu'une arme de guerre.

Or, pour le dire en passant, voilà justement ce que le christianisme, si étrangement invoqué quelquefois, réprouve au plus haut degré. Le christianisme n'a pas de théorie politique ; il n'a, pour toute politique, que sa morale : et sa morale repousse au plus haut degré les révolutions, je veux dire les révolutions violentes. Le christianisme n'est pas monarchique, comme on avait voulu au dix-septième siècle qu'il le fût exclusivement ; le christianisme n'est pas non plus, comme de nos jours on aurait quelquefois voulu le faire, exclusivement républicain ; il n'est pas aristocratique, quoi que ses ennemis aient pu dire ; et les notions d'égalité qu'il a apportées au monde, ne font pas non plus qu'il se confonde avec le gouvernement démocratique. Les théories politiques et les systèmes sociaux, à moins qu'ils ne blessent directement sa morale, ne le touchent pas. Mais ce qui le touche, ce sont les moyens qu'on emploie pour les faire prévaloir ; ce qui le blesse au plus haut degré , c'est la violence ; ce à quoi il répugne par-dessus tout, c'est la destruction. Le chrétien, en définitive, est l'opposé du révolutionnaire ; l'un, monarchique, républicain, démocrate , qu'il penche davantage dans le sens de la hiérarchie, ou qu'il cherche davantage à réaliser l'égalité chrétienne par l'égalité sociale, envisage toujours un ordre de choses régulier, légitime, honorable, permanent, qu'il cherche ou à maintenir par son obéissance et son respect, ou à faire prévaloir par le juste et pacifique usage de sa liberté. Le révolutionnaire, au contraire, n'est à vrai dire, ni monarchique, ni démocrate, ni républicain ; car il ne permet et ne permettra jamais à aucune de ces formes politiques de s'affermir et de s'asseoir. Le révolutionnaire ne respecte pas même la forme de pouvoir que les révolutions ont faite ; le chrétien, quelles que soient ses préférences, respecte toutes les formes sociales, et celles que le temps a consacrées, et celles que la Providence vient de faire surgir. Il sait, en effet, qu'il n'y a guère de pouvoir humain qui puisse prétendre à six mille ans de légitimité non interrompus, et que les puissances les plus légitimes ne sauraient être la plupart du temps que des puissances légitimées.

Maintenant devons-nous tout accepter du livre de M. Thiers ? Malgré l'incontestable raison qui y domine, malgré la déduction à la fois si logique et si lumineuse qui en est le fil, n'avons-nous rien à y reprendre ? ne devions-nous pas terminer notre tâche par faire aussi la part de la critique ?

Ici, nous nous bornerons à indiquer rapidement nos idées. Le temps et l'espace nous ont obligé à ne donner au lecteur qu'une bien faible idée de l'ensemble de ce livre, assez populaire, du reste, pour qu'une exacte analyse fût peu nécessaire. Le temps et l'espace nous manqueraient bien autrement pour discuter les quelques points sur lesquels nous eussions aimé que M. Thiers modifiât sa pensée, peut-être seulement son expression. Rien n'est si long qu'une discussion, et bien souvent rien n'est si inutile.

Bornons-nous à ceci. M. Thiers, avec beaucoup de raison, fait ressortir les avantages du travail libre et individuel, stimulé par la pensée d'un gain honnête, par la pensée surtout de la propriété à acquérir, et encore plus de la propriété à transmettre. L'homme travaillant pour lui-même, travaille aussi pour la société; en augmentant sa richesse privée, il augmente aussi la richesse publique. Et la fortune de tous s'accroît bien autrement par le travail de chacun pour lui-même qu'elle ne s'accroîtrait par le travail de tous pour tous.

Cela est incontestable; mais faut-il nécessairement porter les choses plus loin encore, ou du moins marcher et pousser les hommes dans cette route sans relâche, sans terme, sans restriction? Faut-il recommander non-seulement le travail, mais le travail incessant, sans mesure, sans repos, sans limite? et pour mieux y encourager, exciter, toujours sans limite, les passions à qui le travail doit fournir les moyens de se satisfaire? Telle n'est pas, je crois, la pensée de M. Thiers, mais de lui-même ne devait-il pas indiquer la restriction de sa propre pensée? N'était-il pas bon de dire, que ni le désir du gain, ni le zèle du travail ne doit être illimité, parce qu'après tout, dans la nature humaine, nulle loi n'est absolue, nul mouvement ne doit être sans borne, nulle passion ne doit être sans frein?

La nature physique de l'homme met une limite à son travail. Oui, sans doute; mais cette limite, emporté par le désir du gain, bien souvent il la dépasse. Le soin de sa famille, le soin de son âme et de son intelligence devaient limiter son travail d'une manière plus étroite encore. Mais si vous l'excitez à travailler sans relâche, sans mesure : si vous lui proposez pour but, non pas seulement la nécessité impérieuse de vivre à laquelle il est comparativement plus facile de satisfaire; non-seulement une aisance honnête et assurée qu'il a également plus de chance d'atteindre; non-seulement une sage prévoyance par lui-même, préoccupation légitime, mais qui a ses bornes; non-seulement la sollicitude pour ses enfants, préoccupation bien plus étendue, mais qui peut se limiter encore; si, au-delà de tout cela, vous lui proposez la jouissance, le plaisir, la satisfaction de tous les désirs qui peuvent s'élever dans son âme, vous appuyant pour exciter son zèle et multiplier à l'infini les produits de son travail, sur cette insatiabilité des désirs humains, qui, si on les écoute, ne permettraient pas même le repos à un millionnaire! Vous le poussez alors à un travail qui dépassera ses forces, qui usera sa vie, qui abrutira son intelligence, qui lui fera oublier sa famille, son âme, son Dieu; vous ferez d'un autre façon et dans un autre but ce que font les socialistes qui, eux aussi, prennent pour premier mobile les désirs insatiables de l'homme, les excitent d'une manière indéfinie, les transforment en passion âpres, ardentes, criminelles, et les emploient en définitive à la perturbation des sociétés.

J'insiste sur ce point qui, dans l'ouvrage de M. Thiers, est une lacune plutôt qu'un défaut, parce que ses expressions prêtent plus d'une fois à une vicieuse interprétation, et aussi parce que ce point est une des erreurs capitales de notre temps. L'excitation indéfinie des passions humaines est un tort commun à toutes les écoles, aux socialistes qui éveillent les passions du pauvre afin de le faire aspirer à un ordre de choses nouveau ; aux économistes, qui excitent celles du riche pour pousser à la consommation, celles du travailleur, pour pousser à la production. Sans doute, nier le travail libre et individuel, ôter au labeur tout stimulant personnel, en faire une tâche commandée par la force et accomplie par la crainte, supprimer la concurrence, faire disparaître tout luxe : c'est tomber d'un excès dans l'excès contraire. Sans doute, il y a ici, non pas un principe nouveau à introduire, non pas des institutions à refaire, non pas un ordre social à renverser : il y a seulement une mesure à garder. Mais cette mesure on n'a pas su la garder. On s'est précipité, tête baissée, les uns dans les spéculations, les autres dans les jouissances ; on a exalté la *fièvre* de l'industrie, comme si la fièvre jamais était un bien ; nous ne voudrions pas même, chrétiens que nous sommes, de la fièvre de la religion, si quelque chose peut s'appeler ainsi. Les gouvernements, croyant trouver un remède à leurs maux, un dégagement pour la vie sociale, un emploi de l'activité publique, un préservatif contre les révolutions, se sont jetés tous plus ou moins dans cette voie ; et il s'est trouvé que, soulevant ainsi une masse de passions qu'à de certains moments la société emploie à son profit, mais qui, à d'autres, la menacent et la troublent ; donnant à la vapeur qui fait mouvoir la machine une puissance à laquelle nulle chaudière ne pouvait résister, contre laquelle nulle soupape de sûreté n'était suffisante : au lieu d'un remède à leurs maux, ils y ont trouvé une aggravation de leurs maux ; au lieu d'une issue pour l'activité sociale, une excitation de l'activité sociale impossible à satisfaire ; au lieu d'un préservatif contre les révolutions, une machine à révolutions.

Quant à la mesure à garder, elle est tout entière dans les plus simples indications de la morale. Si vous voulez quelque chose de plus précis, cherchez dans les livres saints. Non-seulement vous y trouverez la sainte institution du dimanche, qui protége contre l'excès du travail le corps et l'âme de l'ouvrier, mais vous trouverez aussi, dans l'ordre même de la vie temporelle, des préceptes d'une admirable sagesse. Vous y trouverez à chaque pas l'encouragement au travail, par tous ces motifs de gain nécessaires, d'honnête aisance, de prévoyance pour soi-même, de sollicitude pour ses enfants, que les économistes font valoir. Vous y trouverez, comme chez les plus logiciens d'entre les membres de l'Institut, le principe de la propriété établi, confirmé, réglé, garanti par la sanction divine, même contre les prétentions tyranniques de l'Etat :

> L'impie Achab détruit, et de son sang trempé
> Le champ que par le meurtre il avait usurpé !

Mais vous y rencontrerez aussi le précepte de la modération dans le travail, sans laquelle l'homme succomberait, et le précepte surtout de la modération dans les désirs, sans laquelle le travail deviendrait excessif et cependant n'apporterait jamais au cœur de l'homme le contentement qu'il demande. Je n'ai ni le temps, ni le besoin d'insister sur ce point ; et, surtout devant la classe de lecteurs à laquelle ce recueil s'adresse particulièrement, un laïque en a à peine le droit. Mais nos économistes actuels ne perdraient pas leur temps s'ils lisaient ce qu'a écrit, il y a environ quatre mille ans, un grand économiste aussi, le roi Salomon.

Avec cette mesure dans les désirs et dans le travail, rien ne périclite ; les professions les plus utiles, par cela même qu'elles donnent des gains moins considérables, restent pour ceux qui y sont voués l'objet d'un travail, nécessairement plus constant et plus assidu ; les professions de luxe, quand l'amour du gain attirerait un peu moins vers elles, ne seraient pas désertées pour cela, et dussions-nous payer un peu plus cher les velours de soie et les glaces de grande dimension, ce malheur ne m'épouvante pas. La concurrence ne cesse pas ; elle devient un peu moins âpre. L'industrie ne s'arrête point ; elle emploie peut-être un peu moins de bras ; et quelques-uns de ceux qui lui demandent une vie toujours sujette à bien des chances, retournent la demander à l'agriculture, labeur plus rude, labeur moins rétribué, vie plus pénible, mais plus assurée ; à l'agriculture qui souffre faute de bras, tandis que l'industrie souffre pour en avoir employé trop. On quitte un peu moins les champs pour la ville, la ferme pour l'atelier, l'atelier lui-même pour l'étude de l'huissier ou du notaire, l'étude ou l'atelier pour les barricades. On n'a pas moins d'amour du travail, on a un peu moins d'ambition.

Il faut donc, et en cela nous sommes parfaitement d'accord avec M. Thiers, oublier tous les systèmes socialistes et sociaux. On ne défera pas par des institutions ce que les institutions n'ont pas fait ; on ne changera pas avec des réglements et des constitutions, même appuyées sur les assignats et sur la terreur, le cours naturel des choses, l'emploi naturel des forces et des volontés humaines. Mais cette voie ouverte, tracée, inévitable, faut-il la suivre avec mesure, ou s'y précipiter aveuglément ? Faut-il admettre qu'une fois en ce monde le mot *illimité* soit le mot du bon sens, qu'une fois en ce monde une loi absolue doive être donnée à l'homme sans qu'une loi placée auprès d'elle ne la modifie ?

Achevons. Nos lecteurs connaissent le beau chapitre par lequel M. Thiers termine son ouvrage, et dans lequel, avec une remarquable élévation de cœur et de talent, il avoue cette part nécessaire de mal qui restera toujours dans la vie humaine, pour laquelle la religion seule donne, non pas un remède, mais une explication et une consolation. L'esprit de M. Thiers est en général optimiste ; par exception cependant il a oublié dans ce chapitre un des grands correctifs que Dieu a donnés aux plaies sociales. Cette part inévitable qu'il faut faire au mal dans les choses humaines peut encore être diminuée, non-seulement par les consolations morales et les espérances futures de la religion, mais encore par le soulagement réel, par le secours présent que donne la charité. La charité, ou, si l'on aime mieux un terme plus général par cela même qu'il est moins élevé, la bienfaisance, a aussi un rôle dans l'économie politique. Elle a une place nécessaire, une fonction qu'il a voulu en vain lui dénier. Quelque chose que vous fassiez, quelque rémunération que vous attribuiez au travail, il y aura des infirmes, il y aura des vieillards, il y aura des orphelins, il y aura des pères de famille dont les enfants trop nombreux ne sauraient vivre sur le salaire gagné par un seul : car le salaire, dans tous les systèmes possibles, se proportionnera aux besoins de l'ouvrier, c'est-à-dire d'une personne, non pas aux besoins de sa famille, c'est-à-dire de deux, de trois, de quatre, de dix personnes. *Il y aura* donc toujours *des pauvres parmi vous;* car j'appelle pauvres ceux qui ne peuvent travailler ou dont le travail est nécessairement insuffisant. A cela quel remède? Les conclusions immorales de l'école de Malthus, que M. Thiers rejette avec mépris, ne remédieraient pas elles-mêmes à un mal qui est dans les nécessités physiques de notre nature. N'est-il pas clair qu'il faut de toute nécessité que l'aumône supplée au salaire, que la rétribution gratuite comble ce que la rétribution acquise par le travail a nécessairement d'insuffisant, que la bienfaisance marche derrière l'industrie pour soigner ses malades, recueillir ses blessés, relever tous ceux qu'elle délaisse sans avoir pu les secourir? Ce n'est point ici un ornement de la société, une richesse surérogatoire; c'est une nécessité absolue sans laquelle la société périrait; et nous savons un gré extrême à M. Thiers d'avoir, à deux ou trois reprises, combattu cette flétrissure que les systèmes modernes veulent jeter sur la bienfaisance. Il y a sans doute un légitime orgueil qui fait de l'aumône une ressource extrême, à laquelle l'homme qui a pu travailler ne recourt qu'à défaut de toute autre. Mais quand on a voulu faire de l'aumône reçue une tache indélébile, on suivait une détestable pente; on privait à la fois la société d'un indispensable appui, le pauvre d'un secours nécessaire, le riche d'un mérite et d'une vertu qui pour sa vie morale et sa vie sociale sont également un besoin.

Et qu'on ne distingue pas ici entre la bienfaisance de l'Etat et celle des particuliers. La dernière est au moins aussi nécessaire; par conséquent elle n'est pas plus flétrissante que l'autre. Il y a plus, la bienfaisance de l'Etat, posée en principe absolu, mène droit à tous les dangers du socialisme; le pauvre s'érige en créancier, sa demande devient droit; la pension se substitue et à l'aumône et au salaire. Il en est en matière de bienfaisance comme en matière d'industrie : L'aumône a besoin de liberté comme le travail; l'Etat ne doit pas plus accaparer l'une que l'autre. S'il y a des cas bien rares où l'Etat peut et doit se faire entrepreneur, il y a des cas aussi, plus nombreux je l'avoue, mais encore exceptionnels, où l'Etat a le devoir et le droit de la charité. Mais entreprendre la charité comme une tâche, s'imposer, à l'exclusion de tout autre, le soulagement complet de toutes les misères, ce serait, de la part de l'Etat, un double tort. D'un côté, il se donnerait une tâche au-dessus de ses forces; et de l'autre, s'il parvenait à interdire aux personnes privées l'exercice de la charité, il ôterait à la nature humaine un des sentiments et une des vertus qui l'élèvent, la grandissent, la purifient davantage. Et cependant, il y a des *amis du peuple* qui honnissent autant qu'il est en eux la bienfaisance privée! Ce sont les mêmes qui crient *vive l'enfer!* et qui proclament que *Dieu est un mal.* N'est-ce pas le lieu d'appliquer les paroles de Salomon : « Le juste seul connaît la cause du pauvre. C'est une science qu'ignore l'impie. *Novit justus causam pauperum. Impius ignorat scientiam* (Prov. XXIX, 7)?

(Extrait de l'Ami de la Religion.)

PARIS. — IMPRIMERIE D'ADRIEN LE CLERE ET Cie,

RUE CASSETTE, N° 29, PRÈS SAINT-SULPICE.

293